Hans-L. Stengel
*1949

# Schreib
# ware

der
dreißiger bis
sechziger
Lebensjahre des
*HaLuSt*

Gewidmet
ist die folgende

**Schreibware**

meiner geliebten Frau
**Monika**

unseren Söhnen
**Björn und Klaus**

den Schwiegertöchtern
**Imke und Conny**

den Enkelkindern
**Katharina und Maximilian**

ISBN: 9783839182079

Herstellung und Verlag: Books on Demand GmbH, Norderstedt

# Inhalt


**Soldatenzeit** — 1

WACHE GEDANKEN — 2

Weindämmer — 3

Ein Vorgesetzter — 4

Ein Vorgesetzter eines Vorgesetzten — 6

**Ab Ort Buchstaber nie täten** — 7

Bla — 8

Lell — 9

Du mir — 9

Lasteselslust — 9

Wem — 10

Leser — 10

Kopfjäger — 11

Wachlied — 12

Rück weg auf den Weg — 13

**Jahressichzeiglichkeiten** — 14

Ei SchwalbkeiFrühl 15

Frühling 16

Frühfühlviel 17

Früh Link 17

Sehnsucht 18

Außendraußen 19

Ostern 20

Mai 21

Abgeschlagen Ungeschlagen 22

Herbst 23

In klirrend kalter Luft 24

Momentnovember 25

Vor Auweih Nacht 26

Weihnacht 27

**Lebenslaufungelenktgedanken** 28

Gedankenfrei 29

Zweitausend 30

Zeit 31

Zeit los    32

Vergebens    33

Zeitwasser    34

Zeitreif    35

Kehrwieder    36

Graurauh    37

Wessen Nutzen    38

Urwaldgewalt    39

NaturPur    40

Nullprogrammierung    41

Gedankenfrei    42

Endbereiter    43

Lebenswende    44

Kulisse    45

Sinnhunger    46

Seelenkörper    47

Traum    48

Liebe    49

Morgendämmer-Weinhämmer     49

Schattenlicht     50

Wetterleuchten     51

**Arbeit Los und Leben**     **52**

Arbeitslos     53

Arbeits-Looser     54

Stille     55

URLAUB     56

Undreieinigkeit     57

Schallmy     58

BüroWinterMorgen     59

QuasiBüroParalellitäten     60

Soldatische InFragestellungen     61

Cohabitation     62

Ausgebellt     63

Locher     64

Klickalarm     65

Englische Fenster     66

windows for outlook                       66

Input                                     67

Output                                    67

**Na Tour Sichten**                       68

All-Ein-Sein                              69

Süd-Stein-Puller-Strand                   70

Wasser SturmTurm                          71

**Stückwerk**                             72

Volksfest                                 73

Ballszene                                 74

Bürgersteigparker                         76

Ein tödlicher Rekord                      77

Bis der Tod Euch scheidet                 78

Mein lieber Schatz                        84

Spritzereien                              85

Kreissäge                                 86

Er Sie oder Warnung                       87

**Schlußwort**                            89

# Soldatenzeit

# WACHE GEDANKEN

Blechernes Scheppern des Schlagbaumes. Der Posten grüßt,
läßt einen Wagen passieren.
Ein Blick auf die Uhr;
solange noch?

Gerötete Augen vom beißenden Qualm
der ewigen Zigarette.
Wieder eine Nacht um die Ohren hauen..
..jetzt eine Mütze voll Schlaf....
Der Kopf nähert sich bedenklich der Tischplatte,
wachbleiben hämmert es im Unterbewußtsein,
wachbleiben, wachbleiben.

Ein Wagen hupt.
Du schreckst hoch, warst eingenickt für Sekunden, Minuten vielleicht. Scheiß-
Vierundzwanzig-Stunden-Dienst!
Wofür eigentlich?

Bröselasche, zerquetschte, ausgedrückte Zigarettenfilter,
krümelige Tabakfitzel im Aschenbecher.
Wieder eine Zigarette angesteckt und noch eine, und  und...
Rauchst Du?
Tja, eigentlich nicht, aber, na ja,...

Eigentlich schon mehrere zuviel, jede neue zuviel.
Rauchen schlägt die Zeit tot. Verkürzt sie nie, nur scheinbar.

Wieder der Griff zur Packung, die kleinen Gewohnheiten, die Flamme in der
hohlen Hand, das gedankenlose, bedenkenlose anstecken und rauchenrauchen.
 Eigentlich raucht es,
 qualmt es, nicht du.
 Du ziehst und saugst,
während es unentwegt raucht, qualmt, eine Zigarettenlänge lang.

Zigarettenpause. Pause, zu kurz um sinnvolles zu betreiben, füllt man sie aus mit
sinnlosem, unnützen, blauen Dunst.
Ziehen, blasen, qualmen, Rhythmus einer Gewohnheit.
Halt, wer da?! Hier ich, wohin?

# Weindämmer

Da sitzt man nun, bleibt sitzen, ist sitzengeblieben.
Im Weindämmer entdeckt man Hämmer. Weinhämmer.
Du schluckst nicht mehr, kaust nur noch hinter, lässt Wein fließen
auf Sodbrennen. Sack und Asche!
Man und Du, das ist derselbe. Der Niemand. Der Säufer und sein
Freund.
„ Na jut, Männer, mit Sicherheit wird es so sein, daß die Masse
der Kp. .Sie sind mir persönlich dafür verantwortlich...“
Arschlecken und rasieren DM 2,50 ! Kacke hoch vier.
Die Augen brennen in den Höhlen. Schlafengehen lohnt das
Ausziehen nicht. Morgenstund hat Blei im Arsch.
Draußen rauscht ein Zug, wirft ein Echo, quält sich stampfend
durch die Nacht, wird leiser, erstirbt. Es scheint vollbracht! Was?
Ein Zug noch, ein Hieb, ein Schluck; vielleicht der letzte?
Schritte auf dem Flur, schnell die Flasche unter den Tisch, wie
lang wird morgen der Tag? Um 03.00 Uhr wecken! Wen kann das
jetzt erschrecken? Das Maß ist voll; das genügt! Morgen in P.;
obwohl Mann es kennt, so fremd wie Afrika. Munitionieren. Auf
Schießbahnen stehen. Aufsicht beim Schützen. Aufgesessen!
Abgesetzter Lenkstand!
Gleichgültig was, austauschbar sind Zeit und Ort. Tageszahl? So
viel noch? Nur noch soviel von viel zu vielen Tagen!
Kein Verdienst, dass Zeit vergeht. Immerhin, weg ist weg, ist aus
dem Weg. Nur noch Monate, Tage, Stunden,
dann...

# Ein Vorgesetzter

Karl den Kojoten nannten sie ihn verächtlich. Obwohl die Gedankenverbindung zu einem Kojoten von weit her geholt zu sein schien, konnte man sich der Ausstrahlung dieses Begriffes kaum entziehen. Immer, wenn man  H., wie er richtig hieß, in die ausweichenden Augen schaute, schien er in sich  hinein kriechen zu wollen, lenkte er ab, wendete er den Kopf und stieß sein hektisches, meckerndes Lachen aus, hinter dem sich sein Minderwertigkeitsgefühl zu verbergen suchte. Immer häufiger meinte man, Kojoteneigenschaften an H. zu erkennen; übertrug man sie fast selbstverständlich, tatsächlich oder vermeintlich auf ihn. Aufschlussreich war, dass auch derjenige, der niemals einen Kojoten gesehen hatte, die negative  Begriffsbreite Kojote wie selbstverständlich auf H. übertrug. Ein Kojote, meinte man, stinkt und heult, frisst Aas, kurz, er ist vom Ansehen ein Scheiß-Viech!

Karli, der Kojote, hetzt erregt durch den Kasernenflur:" Bleiben Sie stehen! Ich habe Ihnen befohlen, stehen zu bleiben!" Er stellt sein Opfer." Nehmen Sie Grundstellung ein, wenn ich mit Ihnen rede, Meister." Doch er redet gar nicht mit dem Untergebenem; er schreit, tobt, brüllt so etwas wie „ Arsch warmmachen !" Fast droht ihm der Schädel zu bersten. Wieder einmal bemüht er sich verzweifelt und vergeblich, seine Autorität durchzusetzen. Aber außer tierischen, röchelnden Schreien, bringt er nichts heraus. Erregt zittern die herabhängenden, schmutzigroten Spitzen seines häßlichen Schnautzers. Seine wächserne, durchschimmernde, fahle Kojotenhaut ist übersäht von unzähligen Sommersprossen.

Das purpurrot glühende
Gesicht erinnert in seiner wütenden Verzerrtheit an eine
Teufelsmaske, mit der man Kinder erschreckt.

Der Soldat steht immer noch bei H.; gleichmütig, die Hacken
beieinander, verharrt er vor dem Vorgesetzten; er hat es
aufgegeben, zu argumentieren, da ihm sei Gegenüber bei jedem
neuen Versuch von Rechtfertigung, das Wort abschneidet.
Schließlich meint H., dass das Vorgesetztenverhältnis
ausreichend und nachdrücklich vorgeführt worden sei. Er lässt
sein Opfer stehen, macht auf dem Hacken kehrt und
verschwindet  bramarbasierend Richtung Geschäftszimmer.

Der Soldat trottet in die Gegenrichtung davon, trifft einen
Kameraden. Sie bleiben stehen, reden miteinander, lachen. Aus
ihren Augen sprüht der Übermut. Man hört Worte wie Geheul,
alter Kojotenarsch, Kojote, stinkender...

# Ein Vorgesetzter eines Vorgesetzten

Sein Kopf ist unverhältnismäßig klein, er zeigt keine erinnernswerte Formausprägung. Auffällt der innerhalb der Gesichtsproportionen zu klein geratene Mund, bewehrt mit spitzen Mausezähnchen und vorspringendem Oberkiefer, mit auf der Unterlippe nagenden Zähnen.

Zwischen den Augen eine steile Einfurchung als Folge jahrelanger unfroher, galliger Verkniffenheit in anhaltendem Mißmut.

Beim Sprechen öffnet sich der kleine fischmaulartige Mund kreisförmig, die Zunge rutscht in den Lippenwulst, stößt an die Zähne und versprüht zischend kleine und größere Tröpfchen. Speichel sickert in die Mundwinkel, zieht sich im Rhythmus  stockend  genäselter und haspelnd herausgestoßener Laute, sabbernd das Kinn herunter.

Die starr blickenden,eng gestellten, verkniffenen Augen, liegen scheinbar lauernd, tief in den Höhlen. In die Stirn lappt dünnes, pelziges,  flachanliegende Haar.

# Ab Ort Buchstaber nie täten

# Bla

Blubberbach Bahnhof
Beutzenburg Perlebach
Butzemann Schneutzenmäuschen
Tröpelbachhexenhäuschen
birnensauer
money Klauer
Manni Manie
Mann O Mann
Mannesmann
meines Mannes Mann
Regenhain
Traurigsein
armes Schwein
lass mich rein
Kalauade
weisse Schokolade
schade
nasenbohrerbauer
saubauer
sei schlauer
SchauerklauerKlaus
Kanonenbauer
Knochenhauer
Schweineschlachterafter
Knochenklafter
hei da lacht er
Moralinsau
sauer
aua
Ottodick mottenaas
kadaverfliege
Nylonschrank
Affengestank
Regenarmlinkerarmnegerarmwinkerarm
knallblattdicke Witze

## LELL

Last Esel Lust Los
Esel Lust Los Last
Lust Los Last Esel
Los Last Esel Lust


## Du mir

Gestützt,stelzend, prothetisch das Wort bietend,
Angriff von Fragen,
Antworten zu geben,
dem behinderten Leben.


## Lasteselslust

Stelzend prothetisch das Bein,
vom Mund ein Nein,
kein Herein,
die Gesellschaft soll geschlossen sein.
Versehrt wird nicht mehr verkehrt,
wird ausgekehrt.

## Wem

Dativtief der Mief,
mir, gestützt, statisch frustativ,
die Tür zur Stirn schlug.
Zuschlug.


## Leser

Der Leser am Laser,
mit Laser für Leser,
die Augengläser,
buchstabenklar lesbar,
in der Bar Sonderbar.

# Kopfjäger

die glatte Glatze
sonnengestreichelt
kugelt sonnenrot rund

schrittgetaktet

auf dem Trägerkopf

haarlos arglos
blickgebannt
hautverbrannt

nicht Aufkopf
Imkopf

**Macht**
den
Überlegereren

**Jägeren**

# Wachlied

Oh Aug voll schlafloser Stunden,
wir bringen die Wach
über die Runden.
Leckt uns am Arsch
und Pollo,
wir sind doch keine Trollo.

# Rück weg auf den Weg

Das Bild einer
Uneingestandenheit,
dringt
gierigseelisch
in den Sesselsitzer,
der döst;
ankuschelt sich
stachelig spitz,

bis das Herz,
aus Innenschmerz,
die statische
Verharrung
löst.

Mit einem Sprung
auf die Füße,
neugeerdet,
findet sich,
schon,
Lösungsschwung.

# Jahressichzeiglichkeiten

# EiSchwalbkeiFrühl

Tiefdruckbetroffen segelten Schwalben
bodentief,
wie trockengedockte Rochen,
mit nassem Federfrack durch Auflüfte der
Gossen,
und hofften wie besoffen,
sie hätten den Frühling getroffen,
im Hemde,
offen;
hieß das doch hoffen,
trotz ölschweißiger Lederhaut, rotverbrannt
und kanzerogen,
ließe er den Winter stehn !

# Frühling

Fragilstabile Halme in den Wind gedreht,
frühlingslind kräuselt den Teich der Fische
Laich.
Krokusse brennen leuchtende Feuer
windzittrig
auf schwarze Krume.
Ein Rosensproß zwängt sich verdreht
gesträubt,
lichtstrebend empor.
Welkbrach stechen tote Blütenstrünke
vergangenheitstrunken
zurück
in`s Winterdunkel.
Strunkiges Kraut,
gibt betreten,
raschelnd Laut.
Frühlingsversessen fällt ein Vogel ein,
sonnenglimmend wie ein Himmelsstein.

**Frühfühlviel
Früh Link**

frühlingslind
säuselt Wind
mischt wirbelnd
märzene Sonnenluft
mit erster Blumen Duft
verströmt sich wolkenduftig
seelenlabend
im Frühlingsabend

pralle Hummeln
gebettet in farbigen Kelchen
fühlen sich
pollenfüllend
wohl
tummeln sich
taumelnd
im berstenden
Blütenmeer

der Winter zieht sich
endgültig
zurück
mit Schwächen

aus
eisbefreiten
Bächen

# Sehnsucht

Ein letzter Schluck. Das Glas ist leer,
die Flasche längst.

Was du auch denkst,
Tage nur,
dann bin ich bei dir.

Erinnerung hält mich wach;
Gedankensplitter
kragen vor,
uendliches Gefühl
die Seele füllt.

Liebe wird es genannt,
Geborgenheit in Wärme.
Fittiche ins Nest gebreitet,
der Vogel.

Geschützt,
mütterlich
ummantelt,
ruhe ich in deinem Schoß.

**Außendraußen**

Birkensamen jauchen in Dachrinnen,
stopfen das Fliessen,
Reiherwasserspeier Wasser speien.
Vögel geniessen,
wasserlaufbadend,
gartenschirmflatterschattengeschlagen,
das Sein,
Draußensein.

Zerrender Mittagssonnenwind frisch,
peitscht tanzende Sträucherschatten,
rhythmisch webend
über den Tisch.
Engelstrompeten schlagen tontopfklirrend,
auf`s Pflasterrund.
Windabgerissen vom Mund,
das Wort
Draußen,
der schönste Sommerort.

# Ostern

Osterglocken nicken federnd
im Sonnenlicht,
goldstrahlend,
grüngefiedert.
Milchig,
gänsehäutig windgestriffen,
wärmt die Sonne lau die Stirn.
Vögel durchzwitschern die Diesigkeit.
Goldene Fische schnappen,
den Wasserspiegel brechend,
lippenschürzend Frühlingsluft.
grüngegürtelt liegt der Teich,
tulpenumstanden im Sonnenlicht,
das sich auf der Fische
golden Lippen bricht.

Ostern soll es werden,
noch einmal,
hier auf Erden!

# Mai

Amseln stelzen fragilig,
gierig,
schnabelhackend
durch halmiges,
frühfeuchtes Grün,
löwenzahnmäulig gerahmt der Schnabel.

Iris strebt pfeilig,
blauvioletten himmelwärts,
grüngeerdet,
weit sich fächernd der Schaft.

Glockige Wasserfontänen,
windgezaust,
fallen,
unablässig murmelnd
und bäumen sich wieder auf,
zum ewigen Wasserlauf.

Lupinen leuchten
bohnenblütig, kerzengleich,
in warmen Tönen,
strahlend im Sonnenkleid.
Eine Pfingstrose bricht tausendblättrig,
weichgekräuselt,
berstend vor Fülle,
des Blütenkelches Hülle,
und füllt mit betörendem Duft
zum Atmen schwer die Luft.

# Abgeschlagen Ungeschlagen

Warum darf ich dich nicht lieben, muß nur
leiden?
Der andere nicht.
Ich liebe nur für mich.
Vollkommen verlangt es mich nach dir.

Hängt mich auf oder nicht,
ich spuck euch allen in`s Gesicht!

Seht ihr wirklich Liebe nicht?
Ich bin allein und möchte
zu zweien sein.
Ich rede mit dir, aber im Spiegel fehlt dein Bild.
Du bist nicht da, kannst mich nicht hören.
Ich lebe, aber niemand sagt es mir.

Woher kommt sie, wohin geht sie, meine Liebe?

# Herbst

Aus Erde gesogen die Kraft der Baum,
gibt Blättern in Kronen den Raum,
das Oben zu schauen;
dennoch,
herbstvergänglich
der Traum
im Naturraum.
Blätter,
windabgenabelt,
kreiselnd spiralig zu Boden,
geerdet,
aufwirbelnd auf Zeit,
laubtaub,
von grün über braun nach rot.
enden wie alles,
endlich,
tot.

# In klirrend kalter Luft

Schleiernde Blicke,
dejustiert,
durchdringen
verwischte Struktur
durchschauter Gardine,
gliedernd das Außen
musterbar,
sich verfestigend in
froststarrender Krume,
umgebrochen
zur Ackerdelle,
statisch steif,
gerandet mit
durchlaubtem Grün,
hoffnungsstarr
frühlingsfroh.

Grau in Grau,
himmelreckend
die kahlen Zweige
in klirrend kalte Luft sich spreizen,
nicht schattenschlagend,
weil Trübnis zwielichtig graut,
funkelnde Sterne kein Licht zum Leben scheinen.

# Momentnovember

Eingebettet
in
Morgendämmerdunst,
rote Rücklichter,
KaRossegetragen,
durchrollen
aufwirbelndes
blätternes
Gelblaub,
durchstieben
kruschelnd,
cräckergleichlaut,
die aufwirbelnde
herbstene Erdendecke.

Nichts von Dauer,
nur ein Sekundenschauer
im Jahreslauf.

# Vor Auweih Nacht

Diffusgraublaue Wolkenbänke
deckeln Dachfirste sonnenlos.

Nass glänzen Pfannen auf altem Heim.

Hinter Fensterlöchern,
demente Dummies dämmern,
versinken,
sichselbstaufdröselnd
in der Öde.

Macht hoch dem Tor,
die Tür macht ihm auf,
zum Lebens
End
Lauf.

# Weihnacht

Wurzelentsprungen,
mit goldenen,
schnaubenden Nüstern,
geschenkelüstern,
schwebt ein Weihnachtsroß,
wie alle Jahre wieder,
tangential aureal
aus blauwaberndem Tüll,
wolkenumflutet,
tannengeil und
weihnachtsschwanger,
zur Krippe nieder.

Frohe Weihnacht,
immer wieder !

# Lebenslaufungelenktgedanken

# Gedankenfrei

Dürre deckt das Land.
Tote Welten spreizen
horizonten.

Hitze wirrt,
staucht die Sinne.
Flirrend queren Gedanken
das verirrte Ich.

Niedergestreckt,
das Haupt bedeckt,
die Augen
himmelwärtsgekehrt,
das Herz
von Sorg beschwert,
löscht die Fackel der Gedanken,
Schattenängste,
bringt Licht ins innere Wanken.

# Zweitausend

Egal wie es war,
das Schicksalsrad hat sich gedreht,
ein neues Jahr auf dem Kalender steht.
Was unten war, ist oben.
Altes Leid und Schmerz sind verwoben,
mit neuer Angst und Sorgen,
lauernd schon im Morgen.


Das Dasein ist ein Wagnis auf den Tod,
vom Abend bis zum Morgenrot.


Wäre nicht der Sonne Trost,
bliebe nicht der Liebe Licht,
lohnte sich das Leben nicht.
Was der Mensch auch denkt,
das Leben ist nur geschenkt,
das Schicksal unsere Wege lenkt.

# Zeit

Computerschnell flieht die Zeit;
was hält sie auf?
Sie genießen auf der Stelle,
auf die Schnelle,
sie erfassen,
schnell im Datenlauf,
das, ihr Menschen,
hält ihr Rasen,
hält die Flucht der Lebensdaten auf.

**Schneller Lauf ist unser Leben.**

Sei, wer du bist und werden willst,
steh fest zu dir und ohne Wanken,
das Leben hat keine echten Schranken.

# Zeit Los

Ewigkeit überstrahlt krönend thronend,
spiralig gewendelt,
diametral spektral,
mit endlosem Licht
ohne Gesicht,
der Erde Treiben,
ruhig leuchtend pausenlos.
Stunden, Tage, Jahre,
eingebettet in Nebel von Nichts,
gefangen watten,
im unendlichen Schöpfungsschatten.

# Vergebens

Der Traum des Lebens ist vergebens.
Es ist ein Glück, dass wir ihn blind erleben.
Von Lebensangst befangen, ein Leben lang gefangen,
im Labyrinth des Lebenslaufes zum Tor des Todes.

Vergessen der Geburten Wehen, streben wir ständig dem
Vergehen zu;
seit wir verließen der Mutter Schoß; angekommen,
um zurückzugehen in den Tod,
der das Leben fordert, um es weiterzugeben
in den Kreislauf zum ewigen Leben.
Der Sterne Glanz holt die Seele aus dem Erdenschatten.

# Zeitwasser

Öde und leer liegt der Strand;
Windwellenflüchtig kreist der endlose Wellentanz,
zerbeißt mit stetem Zahn den Zeitenwahn.
Der Strom der Zeit, meinungsbreit,
entfließt ohne Konturen, hinterläßt keine Spuren.
Silbertropfen glänzen schattenverloren in der
Dämmerung.
Aus den Wogen wagen Fische einen Blick.
Wellen wallen, Gischtkronen fallen, bäumend,
schaumflaumig traurig.
Blaugeäderte Wassersprengsel prangen,
sprengend Raum und Zeit,
prächtig strömend, wolkenwassertrunken,
formlos in Ewigkeit.

# Zeitreif

Sein, obwohl verloren in der Erinnerung,
dämmernd im Lebensschatten, verloren
die Seele,
grenzenlos leer der Geist,
ohne Sinn und Freud, nur Leid.
Dennoch, ich bin !
Auch wenn es keinen kümmert,
in der Welt von Bits und Bytes.
im brodelnden Meer der binären
Datenträume,
erschließen sich die virtuellen Räume,
drum träume, wie das Kind
im Gras,
wolkenbedeckt,
vom Lebensglück, das sich versteckt,
aber dennoch die Hand ausstreckt.

# Kehrwieder

Nebelgrau,
eisgerandet liegt der Teich.
Schnee,
feierlichleichweiß,
sickernd suppend,
gibt der Erde Antlitz preis.
Frei wird ihr breiig Schwarz,
bloß liegt der weiche Schoß.


Betreten,
bleiben Spuren,
die sich leicht verlieren.


Ein früher Lichtstrahl
wandert winternd
über Felder und Wiesen,
zwängt sich
durchlaubt
durchs Unterholz,
bricht sich an Ackerschollen,
beglänzt der welken Pflanzen Leib,
dringt in der Erinnerung Höhle ein,
kündet den morschen Strünken
vom Frühlingsduft der Maienluft.


Alle Jahre wieder,
verhüllen Wolken , wie Gefieder,
das Echo froher Lieder:
„ Frühling, kehre wieder!"

# Graurauh

Graurauhreifig fällt Regen,
fieselnd nieselnd,
schwerkraftgesättigt,
bodennässend wabernd,
Blätter an Bäumen
durchstreifend netzend,
seelenätzend.

# Wessen Nutzen

Gewalt erweckt
Gegengewalt.
Härte steht  gegen Hass;

bärig ungebärdig,
bäumt sich ordnend,
staatsgewaltig,

gewaltig mächtig,
drohend prächtig,

die Demokratie,

immerwährend
sich wehrend,

dem Gewalttätigen entgegen.

Den Anderen,
Fremden,

gilt es zu schützen,
dem Ganzen zu nützen.

# Urwaldgewalt

Schattengestern
weicht Heutelicht,
Entlogeneinsicht
in
Logensicht.

Aus Minderheitenhand,
landgebanntverbrannt,

entwickelt sich,
Gewalt gegen Gewalt,
geplant von langer Hand.

**Urwaldgewalt im Menschen wallt.**

# NaturPur

Kein Gesetz
gilt noch nicht.
Kein Staat
existiert
und
regiert.
Alle kriegen
gegen alle.
Jeder will alles.
Nächstenhass
waltet dauerhaft,
schonungslos.
**Wie du Tiermensch mir,**
**so ich Menschtier dir.**
Rundumverteidigung
ohn End,
ohn Macht.
Furcht vor drohender Gewalt,
gebiert Totschlag
tagtäglich.
**Kampfzwang regiert die Zeit.**
Zwang ist
allgegenwärtiges
Überlebenstöten,
schädelknüppelnde Brutalität,
bestialisches Schlachten
in einem fort;
ist Leben.
**Töten aus Seelennöten.**
Das Leben ist einsam,
armselig,
scheußlich,
tierisch und kurz.
**Kein Gott gibt Gnade.**

# Nullprogrammierung

Nur der Narr ist frei,
vogelfrei,
lebt narrenfrei.

Das Sein,
nicht geschuldet der Vergangenheit,
ohne Last,
nicht der Zukunft zugewandt,
bringt sich ohne Forderungen ein.

**Weit ist der Lebenstraum ins Jetzt gebettet.**

Auch der Weise,
leise,
ist dabei;
lebt losgelöst und frei.

Leben hier und heute,
diesseits und jenseits aller menschlichen Erfahrungen,
ohne Konsequenzen und Todesfurcht,
schafft Unabhängigkeit.

Das Leben,
ohne Programm,
dem Augenblick geweiht,

**existiert nur
als ewig währende Gegenwart.**

**Gedankenfrei**

Dürre deckt das Land.
Tote Welten spreizen
horizonten.

Hitze wirrt,
staucht die Sinne.
Flirrend queren Gedanken
das verirrte Ich.

Niedergestreckt,
das Haupt bedeckt,
die Augen
himmelwärtsgekehrt,
das Herz
von Sorg beschwert,
löscht die Fackel der Gedanken,
Schattenängste,
bringt Licht ins innere Wanken.

**Endbereiter**

Spinnengrau und dämmerungsschwer,
senkt sich ein flaumig Traumnetz,
ohne Gegenwehr,
auf das tote Seelenmeer.
Starre Augen, lebensmüd und todgeweiht,
zum Sterben bereit,
blicken trübend leer.
Süße Töne laden ein,
locken glockenrein himmelwärts.
Silberschwirrend
verliert sich das Sein
im Todesschmerz.

Trauerschauer versiegen.
Wehklag erstirbt.
Mit bleiernem Flügelschlag
die müde Seele,
sich langsam hebt,
sinkende Nebel
aus Elend und Jammer
durchschwebt.

Hoffnung öffnet die Fenster im Himmel,
Gedankenfluchten zu wagen,
das Menschsein zu ertragen.

# Lebenswende

Bleiern senkt sich die Nacht,
stetes Rauschen von Gedanken
verstummt.
Wächter des Seelenfriedens
stehen vor den morschen Toren
der Erinnerung.
Vergangenheitswiegenhüter,
harren sie sprachlos,
in Abwägung
der Lebensgüter,
gedankenraunend,
rückwärtsgekehrt.
Sirrendes Flirren,
metallenes Blinken
bringen Vergangenes zum schwingen,
im dunklen Tal der Erinnerung.
Schwebende Achsen von Zeit und Raum,
getragen vom Flügelschlag der Ewigkeit,
geben Halt,
zu schauen,
in flammendem Seelenglühen,
den Augen kaum zu trauen,
im Lichterschatten den Kreis,
aus Ecken zu fügen!
Vom Turm des Lebens,
hoch hinaus bestiegen,
den Tod zu besiegen,
strömt warmes Licht mit hellem Schein,
erleuchtet des Menschen Sein.
Die Seele,
aus Lebenssklavenqual befreit,
durchschreitet das Tor des Lebens,
geführt durch ein Labyrinth der Wunder
aus gleißendem Licht
von Feuerströmen,
jenseits von Angst,
gezogen, willenlos,
zurück in der Erde dunklen Schoß.

# Kulisse

Die Welt ist Illusion.
Raum und Zeit sind nicht existent.
Der Mensch,
bewußtseinsverwoben,
provoziert die Erscheinung einer scheinbaren,
externen,
existierenden Welt.

Die Vorstellung der Ursache ist von der Wirkung abhängig,
oder umgekehrt.
Der Betrachter definiert die Realität.
Alles ist miteinander verknüpft.
Die Welt existiert nicht wirklich.

Geburt und Tod sind nur Illusion.
Allein der Körper
wird menschgeboren.
Das Geheimnis der Schöpfung
 liegt in unserem Gehirn verborgen.

Unser Bewußtsein ist der Kosmos,
auf ewig existierend,
weil seelenaufgespürt,
zeitlos ohne Gestern
Heute, Morgen.

Die geistig-energetische Substanz,
fleischlos,
vor der Geburt,
 in das Menschenhirn fließt.

# Sinnhunger

Vernünftig wird das Leben sinnentleert.
Allverwirklichung verwirkt Freiheit gleichmachend.
Lebenslust plempert leer.
Nicht nutend federn Leben und Lauf,
Ochser kragen quer, halten auf.
Nomadisierende Subjekte irren dahin,
auf der Suche nach einem Sinn.
Transversal taumelnd über die Lebensbahn,
wird die Existenz zum Wahn.
Sinnfrust frißt Lebenslust.

Kausalität geht. Kalamität steht.
Nichts und Niemand hadert und verhindert,was verändert.
Gottgleich schöpft sein Geschöpf ohn End.
Alles wird gemacht. Mit Macht.
Heimatlos Wirre rasen in die Irre.
Losgelöst und regellos,
regiert das Chaos.
Strukturen verlieren sich im Quadrat.
Ungesteuerte Kettenreaktionen wirken unvorhersehbar verwirklichend,
ungehemmt
speit Wissenschaft Fortschritt aus
 um jeden Preis.

Der Überm-Sofa-Hirsch röhrt stumm sein brünftig Lied.
In Nischen weggeduckt, der Mensch sich in Ecken zwängt,
kein Gott noch Sinn, die Schöpfung lenkt.
Sehnend sucht er süchtig Sinn,
hektisch irrend in virtuellen Welten.
Nonstop online,
verweigert er sich nicht,
hofft nach vorn
 und will zurück,
sucht in „New Age" der Menschheit Glück.

# Seelenkörper

Fleischgeworden,
von Asche zu Asche bröselnd,
schöpfungskronenbeschränkt,
glaubend,
daß er die Welt lenkt,
zeitbegrenzter Geisteslehenträger,
ursachenwirkungsabhängig und umgekehrt,
produziert der Mensch
ein Sein aus Schein.
Realitätsbetrachtungsdefiniert, allverknüpft,
geburtstodesillusionär,
körpermenschgeboren,
fleischverloren,
bleibt das Geheimnis der Schöpfung im Seelenhirngeflecht
verborgen.

Seelenbewußtsein ist der Kosmos,
ewig existierend.
Weil zeitlos,
ohne Gestern, Heute, Morgen,
die geistig-energetische Substanz, fleischlos,
vor der Geburt in das Menschenhirn fließt.

Im Tode strahlt es ab und wählt auf ewig  neu,
den Seelenkörperträger sich ohne Scheu.

# Traum

Dunkle Schwingen, todesgleich, drängen die Seele
traumwärts.
Verloren in fernen, fremden Räumen, versinken Träume
watten
im Gedankenmeer, schweben körperlos nieder,
verfangend im Gespinst aufwirbelnder Ängste,
wankend sich verwebend am Grunde des Seins.
Schattengleich leiten Gedanken,
faulig weich,
trügerisch sicher durch lichte Räume, niegeschaut;
gleitet die Seele durch des Schlafes Öhr.

Zurück mit Macht, drängt das Leben.
Der Kampf geht weiter, auf der Lebensleiter.
Tappend im Labyrinth des Nichts,
blind nach vorne strebend, taumelnd wandelnd,
von Nacht zu Tag, im Chor der mitlebenden Seelen,
befreit mit Macht, die golden strahlende Sonne,
die Seele aus der Nacht Gefangenschaft.

# Liebe

Seelenenthüllt, liebeüberfüllt,
flieht der Tag mit verzauberndem Glück.
Es hat keinen Sinn, das Leben zu vertrauern.
Meine Kraft, von dir geliehen,
hilft mir, der Welten Not zu fliehen.
Geborgen in deinem liebenden Herzen,
verwind ich alle Schmerzen.
Wenn mich auch einst die Erde begräbt,
so hab ich doch, in Liebe gelebt.
Widerhall in Liebe zu finden,
kann die Welt neu gründen.


## Morgendämmer-Weinhämmer

Kopfstickig nadelgestreift,
schmaläugig, magensäuregebeugt,
hinterstirnig gerunzelt,
sickern Gedanken,
kehlig schlundend,
diametral rektal.
Säureeruptionen stülpen stöhnend,
lippenblähend Laut;
**mundwinkeltief.**

## Schattenlicht

Dräuende Wolken schieben ,drehen flockend,
düsternd über den Horizont,
blauleuchtende, lichtgeflutete Inseln,
windgerissen,
geben Ausblick überwolkenweit;
Fluchtpunkte ins Nichts gebettet.
Gedanken sinken entseelt, taub und stumm,
hinteraugenhöhlig, wattig sich windend,
seelenwärts, Trübnis zeugend aus dunklem
Wolkengeschiebe;
hinter allem waltet kosmische Liebe.
Die Sonne bricht lodernd blendend sich Bahn,
der Garten strahlt grünlichtig sommerlich.

# Wetterleuchten

Nebel schwaden himmelwärts.
Blitz und Donner quirlen,quälend
grell, fiebrig löchernd,
Flammenschriften in
Schicksalsschatten.
Echotief trifft der Wolkenhammer
die Kreatur in ihrem Jammer.
Funken schlagen züngelnd
Lichterbögen himmelwärts,
die Erde saugt dunkel schmatzend,
des Donners Hall,
ein Lichtermeer von
feuerfunkelndem Schein,
vernichtet das menschliche Sein.

# Arbeit Los und Leben

# Arbeitslos

Was ist los ? Arbeitslos ? Nichts los !

Losgelöst vom Schoß, ins Leben geboren, zur Arbeit verdammt,
das Paradies verbrannt ,
taugt die Zeit nicht mehr der arbeitenden Hand .
Es ist Dein Los , Du bist sie los , arbeitslos.
Man legt die Hände Dir in den Schoß ,
nichts weiter los , nur arbeitslos .
Auf den Zeigern der Zeit , sommerzeitweit , sind sie nicht zu sehen ,
weil digitalbreit , allzeit bereit , nicht mehr vertickt wird Zeit .

Innere Unruh und Sand im Stunden-Glas , zur Blauen ,
in geselligen Runden , ist die Arbeitszeit verschwunden...

Fassungslos die Birne haltlos wird ,
randlos , außer Rand und Band ,
die Zeit entschwand , unter der Hand .

Verkehrt verkehrt , ausgekehrt , wird eingekehrt ,
bleibt halt der eigene Herd.

Rückzug , rück weg , aus dem Weg ,
auf den Rückweg.
Man legt die Hände Dir in den Schoß .
Was ist los ?
Keine Arbeit.

## Arbeitslos .

## Arbeits-Looser

Hutschnurdrübergeher,
Oberlippeunterkantevoll.
Stimmung ganz in Moll.

Keine Arbeit.
Faule Sau.

Leben lau.
Superschlau.

Von Depression
zur Aggression,
es lohnt
sich schon.

Sozialschma
rotzendes
Individuum,
verurteilt,
nichts
zu tun.

# Stille

Grabesstille,
auch der stärkste Arbeitswille
reicht zum Tun nicht aus,
reiß aus,
den faulen Zahn der Zeit,
hier raus, nach Haus,
es ist aus,
die Welt ist nicht für dich bereit.

Arbeit
los
gelöst

Wer nicht pariert,
krepiert.
Arbeitsunmutig,
wird er geviert,
hemmungslos bürokratisiert,
wird  ruiniert,
mit Scheiße eingeschmiert,
ist um die Arbeit gebracht,
fällt vegeTier END in

OhnMacht.

Steißgequerte Schieflage,
kopfgeburtige schlauchige Enge,
im Wartesaal Gedränge,
losgelöst,
entöst,
wartend eingedöst,
ohne Arbeit,
erlöst,
paniertgratiniert,
wer nicht pariert.

# URLAUB

Abwesenheit von Arbeit
Arbeitszeit
Stechuhr


Urlaub
vom **ALL TAG**
auf Zeit

raus raus
aus dem
**ALL TAG**
raus

im
**UR SPRUNG**
sprang
Mann raus
aus dem Haus

**URLOAP**
**ERLAUBNIS**
raus raus
aus dem
**ALL TAG**
raus
in den Krieg
mit Graus

und

**AUS**

# Undreieinigkeit

Auf Treppenstufen drei Kniepaare,
eine Linie,
jeweils linkes, entsprechend rechtes,
Knie der Außenpaare,
drängen nach innen,
eine Linie,
Schenkel reiben glatt aneinander,
Wärme steigt zu Kopf!
Schwitzen..Knöpfe springen auf,
Glieder bäumen,
eine Linie,
Stoff formt sich drangvoll.

Lust aus langem braunen Haar
fällt durch Finger, gleitet trocken.
Finger fahren über braune Haut,
schmeicheln durch Halslocken,
Mädchen, Mädchen,
eine Linie,
drei Kniepaare,
eine Linie,
Jetzt allein mit Dir !

## Schallmy

Telefonieren
kann
nicht
funktionieren.
Modulierte,
mundabgerissene Sprache,
sinnvoll gefügte Sätze,
Geräusche,
rauschen
schallwellendemoduliert,
ohne,
dass ein Wort das andere verliert,
schallwellenschnell
durch den Äther,
queren jedwedes Wetter
ungehemmt.

Wörter kreuzen einander die Bahn,
sich nicht verwickelnd,
Nncht vermischend in Zeit und Raum.

Wortschwälle,
in rasender Schnelle,
als babylonisches Sprachengemenge.
wellenreiten folgerichtig,
zielbestimmt,
ohne räumliche Enge,
und kehren sich
am anderen Ende,
unstumm
um.
Es wird
das akustische Ereignis,
wie weit auch immer gereist,
am Ende,
zur Wortes Wende
und schließt
den kommunikativen
Kreis.

**BüroWinterMorgen**

Schirmabgewandter Blick,
bürolinksfenstrig gebündelt,
ausblickend das Zwischendunkle.

Überstockwerkeinanderaufsteher.

Paralellküchelich ein Fensterfilm,
stumm,
winters.

Willkürlich wechselnde,
zufällig
gleichgerichtete
Frühstücksverrichtungen,

gegenüberblockvisiert.

Weiter im PC-
Procedere.

# QuasiBüroParalellitäten

virtuell permanent
bildschirmschonenderweise
leise
geht beim Rechnerlauf
mondgesehen
die Erde auf

schützt den Schirm

real allmorgendlich einmalig
geht zeitgleich
arbeitszeitbeginnwetterabhängig
die Sonne
auf

erdgedreht
so sie zu sehen ist
zeigt sie sich dem Angesicht
bricht strahlend sich Licht

wirklich aufgehen aber kann sie nicht
wir kreisen um uns und sie

vergeht dereinst das Sonnenlicht
vergehen auch wir
gehen weg
aus dem Weg
ohn
Ausweg

## Soldatische InFragestellungen
## OberSchildbürgerLeutnant

Ausbildung schützt vor Dummheit nicht.
Dennoch, eine Übung ist der Orgasmus jeder
Ausbildung.
Orgiastische Dummheit.
Der Russe hat sogar Karten, da ist die Dicke der
Bäume eingezeichnet.
Denn wir haben ja auch ne Aufklärung. Kettenspuren
sehen sie immer.
Wenn die dann aufgebraucht sind, offiziell heißt es
dann immer, wenn sie ihren Auftrag erfüllt haben...
Die Lage soll auf die eigene Truppe zu geschnitten
sein; Maßlagenschneider vor.
Wenn  dann kein Feind kommt, wird der Soldat
frustriert.
Erst macht man ihn geil, dann kommt nichts.
Das ist nur ein alter Zopf, der immer noch
beibehalten wird.

# Cohabitation

Schien schlich,
schliff sich,
schlang um;
schliefen.

Gekoren, geboten, gedungen,
gefochten, gezwungen,
geredet
mit
Engelszungen.

Mitgegangen,
geglommen,
geblieben liegend,
gegriffen nach,
schliß riß Rock,
sog ‚soff,
gebogen, gerieben, gerochen,
rönne?

Riß riß ritt,
geglitten, gelitten,
gedrungen ein,
in.

Gebeten, gekrischen,
gegriffen wild,
gebissen.
Schloß Schoß.
Gelungen.
Gewonnen Wonnen.
Genossen.

Gebliebenliegenliebend.

# Ausgebellt

Der Hund der bürgerlichen Schande heißt Schwanz. Beim Bellen und zum
nimmt der werte Herr den selben nicht aus der Hand, daß ihm keiner
vorzeitig bestimmte Lust verschaffe.
Mitunter rauft sich dieser Hund spärliche Haare, zündet er sich eine
Zigarette an und meint, es fiel mir nichts ein, also kann ich auch nicht,
rauche ich schon gar nicht. Wenn es ihn juckt, das Ding, hält ihn niemand,
hält er nichts zurück.

Zähflüssiges giftet im Glückspilz unter Tannen.
Per Post und per Pedes,
der Hund,
der mir Gehör erbellt
beim Vollstrecker.
Es bellt mir der Lautsprecher Er, Er;
ich lache mich naß.

Manchmal im Schnee,
vor dem Haus im Kreis,
verraten seine Fußabdrücke
die Schwere der Auftritte,
die sich häufen
und Ärger hinterlassen,
der sonstwohin stinkt.
Immer zu reichlich das Maß,
kann er dennoch niemals genug den Hals voll kriegen.

Der unausgestandene,
eingestandene
Suff,
läß ihn auf den allseitig
Beschlossenen
warten.

# Locher

Entspannt stehend,
hebelgewordener Druck,
geduckt lauernd zum Sprung,
löchernd zu beißen,
stanzend Papier
kreisförmig zu reißen.

Gedrückt,
lochstanzender,
zweistiftzahniger
Papierfresser,
normierend,
abheftlagevorbereitender
Strukturzerstörer.
Löchernder,
blecherner
zähneausfahrender
Geselle,
immer zur Stelle,
auf die Schnelle,
Papier,
vorbereitendordnerbar,
danach in Ordnern
zu orten ,
beim Horten von Worten .

**Klickalarm**

Arbeitsarm arbeitsam.
Linker Arm Winkerarm.
Rechter Arm,
Klickalarm.
Reich an Klicken der Tag am PC;
mausgetan grau.
Teamverlinkt
systemgeführt,
die Arbeit gelingt.

Einloggen

**dazwischenarbeitstagssitzenbleibendklickend,**

abmelden
raus
und
runter

**nach Hause**

# Englische Fenster
## windows for outlook

Den Datenwächter,
parolebietend,
passiert habend,
geht,
vor nachtblauem
virtuellen Grund,
das
Magische Fenster
auf,
bringt den
Handan- und ab und an Kopfabwender
auf den Schirm der Masken,
den virtuellen
Alptraumarbeitsraum
der lebenszeitfressenden
Mühle
der
Arbeitsalltagsmühe.

Arbeit,
hier und so,
tastend;
ohne Sinn und End.

Tastaturend
ist aller
Tagwerk
**End.**

# Input
# Output

Grünrot im Wechsel,
die Kästen Ablage sich stapeln,
inhaltsschwer,
gedankenleer,
bloß Daten in Raten,
das System zu füttern,
Listen und Scheine zu zeugen,
angeheuert,
daß Arbeit,
papiergesteuert,
den Menschen feuert.
Systemgelenkt,
systematisch,
quantenhexagonal,
des Rechners  Qual,
entartet,
modulgerecht ins Maß gepreßt,
im Takt der Arbeitszeit zum Sklavenlohn,
dreht sich die Lebensmühl zum Alter hin.

# Na Tour Sichten

# All-Ein-Sein

Kieselige Küste,
weißer Strand und blauer Himmel,
dahinter hügeliges Schafsgewimmel,
menschvertriebene Kargheit, niemand
anderes weit und breit.

Verregnetstrände ohne Internet,
kein Trubel, kein Getümmel.
Alleinsein!
Einssein mit dem All,
nicht allüberall,
nur hier,
in Irland`s Natur,
begegnen wir unserem Ursprung pur.

**Süd-Stein-Puller-Strand**

Kormorane,
wie Kommodore
auf der Brücke,
halten starr verharrend
steinerne Wacht,
vorgelagert der Lücke
zwischen Wasser und Küstenlinie,
bewachend
den bernernen Stein,
unentdeckt,
verborgen als stumpfes Sein,
erst entdeckt
funkelnder
sonnengleißender
Verheißer.
Uferliniensteine
ragen
schattengeschlagen stumm.
Mövenumkreist kreischend
wasserraus.
Schmatzendes,
windgetriebenes Klatschen
türkisener Wellenkräuselkämme
geben Laut,
dazwischengebreitet breit
StrandSandStrand
allumgürtelt
hinterschlungen steilküstenwaldig.

HorizontEnd
ist Anfang und Übergang
ohnEnd.
Wassermeer,
mehr und mehr,
zerfließt ins Himmelsmeer.
Wassermehrhimmelsschwer
fällt Regen zurück
Speist der Flüsse Lauf
zum Meer wieder rauf.

# Wasser SturmTurm

Blau leuchtend,
lichtgestrahlt,
steht trutzig
der Wasserturm
vor berstendem blutroten Horizont.

Trotzend dem Sturm,
steht er für sich,
-1912-er-
ohne Funktion,
starr in der Zeit,

sich spiegelnd in der
niedergeschlagenen
Wasserbrache,
die ungesteuert sich breitet,
nicht mehr sickert
auf sattem Grund.

# Stückwerk

# Volksfest

Es war die Lust zur Angst, die ihn dazu trieb einen Fahrschein zu lösen. Unbezähmbar war sein Wunsch nach einer Fahrt auf der Achterbahn.
Lange hatte er unten gestanden; sein Blick war den hölzernen Verstrebungen gefolgt, die unaufhaltsam, einander überkreuzend und sich gegenseitig Halt verleihend, in den Abendhimmel wuchsen. Aufmerksam, mit verhaltenem Atem und gesteigertem Pulsschlag hatte er die verzerrten, zur Maske verkrampften Gesichter der Mitfahrer beobachtet. Ihre schrillen Schreie, ihr Wunsch nach einem raschen Ende, nach Erlösung....er kannte das. Hatte es irgendwo, irgendwann schon einmal erlebt...

Er ahnte, welches beklemmende, aber gleichzeitig erregende Gefühl jene spürten, die sich den Gesetzen der Physik und der Mechanik ausgesetzt hatten. Aus scheinbar freiem Entschluß waren sie eingestiegen zu einer Fahrt mit kalkulierbarem Risiko. Makabres Erleben einer Angst, deren Ende vom Fahrpreis diktiert ist; Erfüllung einer urtümlichen Lust, unendliche Befriedigung und Selbstbefreiung durch Überwindung der eigenen Zwiespältigkeit.

Seine Pupillen verengten sich, der Blick folgte willkürlich einem Wagen, ließ von ihm ab, wählte den nächsten, der dort die Bahn hinabstürzte, sich in die Todeskurve legte, kaum den Gesetzen der Schwerkraft gehorchend, der aber dennoch erneut aufstieg, um zu einer wiederholten Schußfahrt anzusetzen auf einer Bahn von Gleisen, die durch ein berechnetes Nichts führen....

# Ballszene

Wirr schwirrende Gestalten in den Roben ihrer Rollen.
Kleider scheinen nach Sein, sind nach Schein.
Diktat von Mode und Anlaß. Seidene Pracht wächst
überquellend aus dem Parkett. Schwarzer Lack wirft
spiegelnd den Glanz goldenen Geschmeides  in den Raum.
Würdige Feierlichkeit prägt zeremonienhaft die Stimmung
des Festes.
Damen der Gesellschaft kreuzen die Wege,  finden
Beachtung,
werden beneidet. Man macht Komplimente.
„ Kennst Du die?"-„ Küß die Hand, gnädige Frau..."
„Wer war denn das?"
Benommenheit der Sinne in der schwelgenden Pracht des
Ballsaales. Verwirrende Lichteffekte. Schattenspiele
von Lüstern auf schweißigen, fleischigen
Honoratiorenhänden,
die am Busen der Damen beim Tanz...
...und überall spürt man die prickelnde, gärende Quirligkeit
einer
verborgenen, sensationslüsternen Erwartung...
Hier ein freches Spiel mit den Augen, dort scheinbar
zufällige
Berührungen.
Schwindelndes Gleiten durch halblautes Flüstern gedämpfter
Erregtheit. Stimmen wechseln sich ab. Worte prallen auf
Gegenworte. Man sucht nach Worten.

Schmeicheleien in zufälligen Kreisen.
Man übt sich in Artigkeiten. Man heuchelt, spielt, täuscht
vor, ist
wirklich in Feststimmung.
„ Haben Sie gesehen, schon gehört?""„Aber,
aber..""„Tatsächlich?"
„Ihr Mann?""„Die Arme! Unglaublich, welch ein Gegensatz!"
„Werden Sie mich mit ihr bekanntmachen?"
„Schon ein Auge geworfen auf...""„Küß die Hand.."
„Gnädigste, erlauben Sie?""„Ihren Arm"

Stimmen, die im Satz abbrechen; Blicke, die sich richten.
Kratzfüße. Ein Hofknicks."Sehr angenehm..Habe die Ehre..
Küß die Hand.."
Noch nie bemerkte Blendung zieht unwiederstehlich alle
Aufmerksamkeit auf sich. Wie die Bienen die Blüten, die

Motten das Licht, umschwirrt die Gesellschaft den endlich
gefundenen, allen gemeinsamen Mittelpunkt.

Der Nabel des Festes ist gefunden:" MONIKA „

# Bürgersteigparker

Er steht ganz allein da, nirgendwo in der Nähe findet sich seinesgleichen. Über ihm funkeln die Sterne. Klein und gedrungen wirkt er. Die Schnauze ziemlich kurz; er ist kein großer Vertreter seiner Art.
Regen glänzt aus der asphaltenen Beschichtung der Fahrbahndecke, die im matten Licht der Sternennacht Löcher aufweist, in denen sich das Regenwasser vom Nachmittag gesammelt hat. Neben ihm zieht sich der Bürgersteig, unterbrochen durch stählerne Lichtmasten, zur Kreuzung an der Hauptstraße hin, wo trotz der nächtlichen Stunde die Lampen seiner vorbeipreschenden Artgefährten ihre tastenden, nachtfressenden Lichtfinger über die regennasse Fahrbahn schieben.

# Ein tödlicher Rekord

Der Inspektor wandte sich von dem Toten auf der Couch ab und sagte:"Ich sehe keine äußerlichen Anzeichen dafür; keine Spuren, verstehen Sie?"
Dann tupfte er sich den Schweiß von der Stirn, lockerte die Krawatte.
„ Ich werde einmal das Fenster öffnen, falls sie nichts dagegen haben sollten."
Natürlich hatten wir nichts dagegen.
Völlig überraschend bückte sich der Inspektor plötzlich aus dem niedrigen Fenster und griff vom Gartenboden einen Zigarettenstummel auf.

Langsam, fast andächtig, drehte er ihn zwischen den Fingern.
Dann begann er:" Kein Zweifel. Selbstmord durch Vergiftung!"
Wir schauten einander verblüfft an. Vergiftung? Wollte der Inspektor vielleicht einem unter uns eine Falle stellen?
„ Schauen Sie doch bitte einmal aus dem Fenster!"forderte er uns auf.
Man konnte sie kaum zählen, so viele waren es.

Glimmstengelstummel neben, über, unter, zwischen , auf Glimmstengelstummeln.

Die genaue Zählung durch die Untersuchungskommission ergab eine Anzahl von sechshundertvierundfünfzig Stück ehemaliger Filterzigaretten, die der Verdächtige innerhalb der drei Tage, während derer er vorübergehend auf freien Fuß gesetzt worden war, geraucht haben mußte.

# Bis der Tod Euch scheidet

Der See dampft. Seine aufsteigenden Dünste zerfließen in der Luft. Einzelne Nebelschwaden steigen über die  grüne Gipfellinie der Wälder empor und ziehen sich an den schroffen Berggipfeln hin.

Noch scheint die Sonne nicht. Vom Wetter verwaschene Felsen harren im Morgengrauen. Sie warten darauf, mit dem Aufgehen der Sonne kurze, zerklüftete Schatten ins Tal zu werfen.
Es ist Herbst. Der Tag hellt sich erst spät und nur mühsam auf.

Das Himmelsblau leuchtet blaß durch das allmählich aufsteigende, graue Dämmergebälk. Der Bergsee und die ihn umschließenden, sanft ansteigenden Berghänge sind mit zahlreichen, kräftigen, hochaufgeschossenen Tannen bestanden, Bauholz.

Am südlichen Ausläufer des Bergsees erstreckt sich ein Sägewerk. Alle, die in der Nähe ihrer Arbeitsstätte in kleinen Berggehöften wohnen, befinden sich im Lärmbereich der großen Sägemühle, die oft auch nachts ihr auf-und abschwellendes, kreischendes Todeslied vom zersägten Holz singt.

Auf dem Gelände des Sägewerkes stapeln sich, nach Größe, Art und Verwendungszweck getrennt, tausende Festmeter Holz, das von hier mit riesigen Schwimmkränen auf die wassernden Transportboote am Seeufer aufgeladen wird.

Die hohe Sägehalle hallt wieder vom Arbeitslärm der rotierenden, im Gleichklang stampfenden, holzfressenden Maschinen, Sägen, die fortwährend den Abfall ihrer Arbeit als Splitter und Sägemehl auf die Erde speien. Die Luft scheint die Gestalt frischgeschlagenen, harzigen Holzes angenommen zu haben. Jeder Schritt zwischen den meterhohen Holzstapeln wird vom Bodenbelag aufgesaugt; man versteht  sein eigenes Wort nicht in dem machtvollen, keinen Vergleich duldenden Arbeitslärm der riesigen Kreissägen.

Transportwagen, beladen mit übereinandergestapelten Baumstämmen fahren auf die rotierenden Sägeblätter zu; ein Arbeiter drückt mit einer langen, eisenhakenbewehrten Holzstange Stamm für Stamm in die Führungsvorrichtungen der Kreissägen, die, angetrieben von ungezählten Walzen, Rädern, Rollen und Treibriemen, unaufhaltsam ihre Beute zerteilen, solange der Mann mit der Stange für Nachschub sorgt.

Der Mann mit der Stange heißt Robert. Seine Arbeitskollegen nennen ihn Wortkarg. Er redet nicht oft. Er behält sich für sich. Seine Hände sind Pranken, ausgearbeitete, schwielige Griffe, die zupacken können wie ein Schraubstock. Die verkniffenen Augen unter der gefurchten Stirn blicken gezielt auf die Bewegungen der Hände, überwachen jeden Handschlag, bewahren die Glieder vor Verstümmelung. Keine Unachtsamkeit ist erlaubt. Jede Fehlleistung verkrüppelt.

Robert H. wird diese Arbeit von Tag zu Tag schwerer. Zwar fehlt es ihm nicht an körperlicher Kraft, die ist wie eh und je ungebrochen, jedoch...

Er ist ein Hund, sagt sie. Ein Hund bürgerlicher Schande. Dieser Hund der bürgerlichen Schande gab seiner Frau vor dreizehn Jahren den Familiennamen Hund.

Mitunter rauft sich dieser Hund spärliche Haare, zündet er sich eine Zigarette an, weiß er nicht, wie es weitergehen soll. Manchmal im Schnee, vor dem Haus im Kreis seine Fußabdrücke; Abdrücke eines kräftigen Arbeiters ohne Familienglück, der nur zu gern eine Familie sein eigen nennen würde...Aber immer nur Fußabdrücke, die nicht entrinnen, gefangen im Kreis, Ärger ruchbar werden lassen. Immer zu reichlich das Maß, dennoch niemals genug kann sie den Hals vollkriegen, denkt er. In der Folge steht der unausgestandene, eingestandene Suff; der läßt ihn nur noch auf den einseitig beschlossenen Schluß warten.

Die Kreissäge kreist. Sie kreißt, gebiert Geräusch, das in der Halle kreischt. Kreissäge, säge im Kreis, geschnittenes Holz sei dein Preis!

Sie sägt die Krone, den Stamm und den Ast, bis das Holz zur Verwendung paßt.

Sein Kopf ist unverhältnismäßig klein; er zeigt keine sichtbare Formausprägung. Auffällig ist der zu klein geratene Mund mit den spitzen Mausezähnchen, deren obere Reihe übersteht und auf der Unterlippe nagt.

Robert H. ist kein Gesprächspartner. Ihn kann  das Wort nicht verführen; er lebt von innen. Sein Gesicht, maskenhaft starr im Ausdruck, gibt die Seele nicht preis. Zwischen den Augen eine steile, eingegrabene Furche; Ausdruck ständiger, verkniffener Galligkeit. Beim Sprechen öffnet sich der kleine Mund kreisförmig, die Zunge rutscht in den Lippenwulst, stößt an die Zähne im Oberkiefer und versprüht unregelmäßig grobe und feine Tröpfchen. Speichel sickert ungehindert aus den Mundwinkeln, zieht sich auseinander im Gleichklang der wenigen, stockend und haspelnd herausgestoßenen Laute.

Kreissäge! Säge des Chirurgen Zufall, Unfall, sägt sie sauber, schlägt brennend ab, entblößt den blutenden Stumpf. Ihre Zähne hetzen einander verfolgend entlang ihrer kreisrunden Bahn; sie fetzen, jagen glühend, fressen klirrend Wunden in das frische Holz. Nichts stoppt ihre Bahn, kreisend saust die Scheibe in rasender Eile. Die stählernen Zähne, sie beißen ins Material, egal, ob Holz, Fleisch oder Knochen, alles wird zerbrochen!

Seine Augen blicken starr. In die Stirn lappt pelziges Haar. Ein Hund ist er, sagt sie. Ein räudiger, ein häßlicher Hund...

Allein mir schiebst du Schuld zu. Ich allein gab den Anlaß, gab leichten Anlaß zu erklären: Es hat schließlich nicht einmal geklappt in dreizehn Jahren Ehe, Robert...
Ich bin der Anlaß, habe Schuld vom Anfang bis zum  nicht erklärten Ende. Mein Samen ist ohne Leben; mein Leben ist ohne Sinn, sagst Du. Mein Versagen ist Dein Schmerz! Das langgezogene Hulen der Werksirene, die den Feierabend ankündigt, reißt Robert H. aus seinen selbstquälerischen Vorwürfen.

Feierabend! Erwartet ihn ein Feierabend? Die Männer in den  schweren Gummistiefeln stapfen durch den hohen Schnee zu ihren Fahrzeugen. Sie lachen und scherzen .Sie fahren heim, nach Hause, zu ihren Frauen, zu ihren Kindern.

Robert H. hat auch eine Frau, aber er freut sich nicht auf zu Hause. Er hat eine Frau, die einen Junggesellen ohne Kind versorgt. Er hat eine Frau, die sich durch einen Vertrag dazu verpflichtet fühlt.

Seine Frau strickt. Sie strickt Babysachen. Er hat seine Blumen; ihm bleiben seine Blumen.  Es sind pflanzliche Lebewesen, die das Lebendige durch wachsen beweisen, die blühen, absterben, Ableger erzeugen, einen Lebensablauf haben, die aber nicht sprechen, lachen oder lärmen können.

Es fröstelt ihn in der Nähe seiner Frau. Er weicht ihren vorwurfsvollen Blicken aus, zieht sich lieber in seine Blumenecke zurück. Dieses Leben aneinander vorbei kann er kaum noch ertragen. Wie oft hat er versucht, ihre Liebe wiederzugewinnen? Trotz seiner Zeugungsunfähigkeit ist er doch ein Ehemann, ein Mann, ein Mensch oder nicht...?
Zu seinem dreißigsten Geburtstag macht seine Frau ihm eine Freude. Sie schenkt ihm eine Blume. Einen Igelkaktus.
Die Pflanze, ein Kümmerling ihrer Art, ist über und über mit einer Schicht von
mehligfeinen Wachsausscheidungen bedeckt. Schmierläuse haben sie befallen.

In der folgenden Zeit beschäftigt sich Wortkarg mehr und mehr mit der Pflege dieser einen, kranken Pflanze. Er fühlt sich herausgefordert, den Überlebenskampf dieses

Gewächses zu führen, das ohnmächtig zur Selbsthilfe ist.

Seine Kraft, weiter um die Liebe seiner Frau zu kämpfen, hat ihn verlassen.

Er hilft; ihm hilft keiner! Spöttisch verziehen sich ihre Mundwinkel, wenn sie ihn beobachtet, wie er mit einem weichen Staubpinsel behutsam E-605-

Pulver auf seinem Kümmerling verteilt. Manchmal, wenn er im Sägewerk ist, denkt sie daran, die Behandlungsdosis zu erhöhen...Dann gingen Schmierläuse und Pflanze zu Grunde.

Doch die Schmierläuse werden nicht weniger und die Pflanze wird von Tag zu Tag unansehnlicher. Die Schmarotzer zehren von ihrem Lebenssaft. Die Vorstellung von der farbenprächtigen Blüte dieses Gewächses bleibt ein Traum; ihr Samen wird  nicht reif.

Donnerstags treffen sich in dem kleinen Bergnest die Damen des Liederkränzchens. Reihum wechseln die Gastgeberinnen bei diesem beliebten Kaffeeklatsch, wo neue Gerüchte, Verleumdungen, Klatsch und Tratsch unter dem Vorwand anspruchsvoller Auseinandersetzung über Grundfragen von Sein oder Wert des Lebens ausgetauscht werden.

Dieses Mal trifft man sich bei Frau H. Eigentlich sind die H.s ja unter dem gesellschaftlichen Durchschnittsniveau; Herr H. ist nicht einmal Beamter! Dennoch kann man seine Frau nicht übergehen. Ihre Zunge ist so spitz, ihr Zynismus zu gallig, als daß man es sich erlauben könnte, die hochgeschätzte Eleonore aus dem Kreis der Freundinnen auszuschließen.

Wie immer findet man anfangs kein Ende der Lobpreisungen über den ach so köstlichen Kaffee, den unübertreffbar gelungenen Kuchen , und, und,und...

Dann wechselt man das Thema, kommt zum eigentlichen, quasi offiziellen Teil. Man
gibt sich bildungsbewußt mit betont klassischer Tendenz, man zitiert Goethe, den guten alten, ertappt sich selbst tadelnd bei frivolen Gedankensprüngen, wechselt von Goethe mit wissendem Blick über Götz von Berlichingen zu den ungehörigen Gören dieser Familie Neubauer und dankt bei alldem insgeheim dem lieben Gott, daß man nicht wie sein Nachbar ist, sondern ein gutes Mitglied der menschlichen Gesellschaft darstellt.

Bei Klaviermusik von Chopin, schmelzender Sahne und dem Klappern von Kuchengabeln findet sich zwischen zwei Bissen Gelegenheit, das neue Ölgemälde" Meeresstrand bei Sonnenuntergang „ sachverständig und gebührend zu erwähnen. Vor allem die Möwe da, die weiße, wie reizend!"

Endlich, der Abend dämmert, man will schon gehen, schließlich hat man ja auch noch Hausfrauen-und Mutterpflichten, Seitenblick, außerdem, wer kann schon so viele Neuigkeiten für sich behalten...

...da, plötzlich ein Klingeln, das Telefon, für Dich , Eleonore, mein Gott, entsetzlich, was ist passiert, der arme Herr Hund, bei der Arbeit, ein Unfall sagen sie, ist er tot ? Den linken Arm, Gott sei Dank, hätte schlimmer kommen können, arme Eleonore, na dann  woll`n wir mal...

Vor dem Krankenzimmer ein Baum. Winterkahl die dürren Äste totengrau . Aus der Krone ein Geräusch. Knacken der Zweige, flüchtendes Flattern von Flügeln. Eine Meise fliegt davon, singt in der Kälte des Dezembertages ihr lebenssprühendes Lied.

Wortkarg liegt mit offenen Augen auf seinem Bett und träumt von einer blühenden Insel in der todbringenden Wildnis, wo die Natur geordnet wurde von der Hand eines kundigen Gärtners, der die Einöde urbar gemacht  hat. Mit seinen gesunden Armen und Händen hat er gerodet, gepflanzt und gehegt. Die Freude leuchtet aus seinen Augen, wenn er seine Pflanzen wachsen und gedeihen sieht .Es klopft: „ Eleonore, DU..?""Du stiller Gärtner! Nimm meine Liebe wieder, nimm sie an! Laß uns jetzt stark sein; zusammen gibt es einen Weg!"

Sie bückt sich zu ihrem Mann hinunter, schützend umschlingt ihr Arm den bloßen Stumpf. Mit stillen Augen blickt der Mann in das tränenglänzende Gesicht der Frau, seiner Frau.
„Der Kaktus, Robert, dein Kaktus...blüht!", sagt sie.

# Mein lieber Schatz,

Du kennst jeden Zug in meinem Wesen,
kannst mit einem Blick in mir lesen,
richtest mich in Deinen Armen wieder auf,
gibst mir heilend Kraft im Lebenslauf.
Mäßigst meinen Überschwung,
machst an Deiner Brust mich wieder jung.


Dir, leg mein Herz zu Füßen ich, mein lieber
Schatz.
Du erhellst mir meine Sinne in des Lebens Hatz,
gibst mir Halt in dunklen Stunden,
das Schicksal zu umrunden,
das uns manchmal drückt;
ohn Dich würd ich verrückt!
Alle Freude und Schmerzen stillst Du in mir,
ich gehör nur Dir!

# Spritzereien

Morgens,
noch vor sieben,
die Sinne schwimmen noch im Trüben,
kommt die Schwester mit der Spritze
und in Schüben
von Millionenhüben,
befördert sie dich allmählich
vom Hier  nach`m Drüben.

Am siebten Tage endet diese Plage;
doch jeden Morgen neu,
stellst du dir die Frage,
heute keine Spritze,
keine Plage?
Ohne Frage,
eigentlich Schade,
denn der schönste Prozeß
ist der Heilungsprozeß.

# Kreissäge

Die Kreissäge kreist und kreischt,
sie sägt im Kreis,
sägt die Krone,
den Stamm und den Ast;
bis das Holz
zur Verwendung paßt.

Säge des Chirurgen Zufall,
sägt sie sauber,
trennt ab,
entblößt den Stumpf,
wo Hand und Fuß
zuvor.
Ihre Zähne hetzen allesfressend
einander verfolgend,
entlang der kreisenden Bahn;
sie fetzen,
jagen glühend durch das Material.

Nichts stoppt ihre Bahn;
kreisend saust die Scheibe
in rasender Eile.
Die Zähne,
sie beißen ins Material, egal,
ob Holz, Fleisch
oder Knochen,
alles wird zerbrochen.

# Er Sie oder Warnung

...hatten es also versucht, hatten ihn hinabstürzen wollen, hatten es selbst versucht, hatten also doch gemerkt, daß er...Nein, sie hatten nicht in erster Linie ihn hinabstürzen wollen. Sie hatten sie loswissen wollen , loswissen vom eigenen Gewissen, wollten Sie loswerden, abstoßen in die Tiefe, in die Dunkelnacht. Doch, wenn sie Sie hatten wollen...dann auch ihn; denn trug er nicht Sie in sich, trägt Sie noch in sich, speichert Sie in Gehirnzellen. Und sie fürchteten sich vor Ihr, fürchteten also, daß durch ihn die Wahrheit laut würde.

Das behauene Pflaster lag tief und schwarz, lag unten, nachts.

Sie, die Wahrheit, das Wissen über das, was seine Augen gesehen hatten, sie lag auf ihm Zeugen gewichtig und verlangte Entscheidung. Sie würde ihn in die Tiefe stoßen, nicht die beiden und deren Hände allein...Tief würde er fallen . So tief. Viel zu tief. Echotief. Tiefer, als daß er sich in weniger als zehn Minuten würde wieder hinaufwendeln können, mühsam, wie die zuvor mit ihm...durch den dunkelfeuchten Turmaufgang. Durchkeucht staubverhangen. Mit Furcht vor Geräusch aus Dunklem, Glockenschlag, obwohl zu zweit und mit dem Opfer auf Ihren abwechselnden Rücken. Schweißstaubige Finger um das Geländer, Schweiß auf der Stirn und auf beschwitztem Rücken die Last des Zeugen und mit ihm die Last des Wissens um die eine Wahrheit, die Erinnerung an den Mord, den deren Hände gemeinschaftlich ausgeführt hatten.

Das behauene Pflaster lag tief und schwarz, lag unten, nachts.

Doch leicht würde er es Ihnen nicht machen, es würde kein einfaches Töten werden. Überhaupt, es sollte besser keinen zweiten geben, den es dann gegeben hätte. Zäh hing er in die schwarze Nacht, außen, doch zurück krallten sich seine Finger, krallten nach Hoffnung, nach Halt in Mörder`s Gewand.

Das behauene Pflaster lag tief und schwarz, lag unten, nachts.

Hatten gedacht, treten, heben, stoßen, schieben kopfüber nach unten würde genügen. Hatten gedacht, nichts leichter, bloß wegfallen lassen wie lästigen Kot. Doch immer noch hing er, hing ausdauernd lange schon und lange noch war es keine Lösung und
er war nicht abzuschütteln. Die, zu zweit , sollten es nicht schaffen.

Ja, so war er gewesen, sein Traum. Sie hatten es nicht geschafft, aber er nahm sich den Traum als Warnung. Hiernach wußte er, was zu tun sein würde. Er würde gleich am Morgen auf`s Revier gehen, aussagen über das Verbrechen, das er gesehen, in der Vornacht, als er hier im Heim trunken auf seinem Bett gelegen hatte, und sie den Fremden vor seinen verstellten Augen, lautlos töteten mit dem Schal, ohne, daß er fähig gewesen wäre, zu helfen. Sie hatten falsch mit jenem gespielt, denn er hatte viel gutes Geld. Ihn, den Zeugen , wähnten sie schlafend oder waren sie doch gewahr geworden, daß es einen Zeugen gab? Er würde jedenfalls aussagen über die Mörder, über das Verbrechen, das er gesehen, über die Freunde, die er nicht erst dann verloren haben würde. Seine Hand greift nach dem Lichtausschalter...

...ein Schuß fällt durch das sommeroffene Fenster...

# Schlusswort

Täglich entstandene berufliche Überspannungen, denen ich als stellvertretender Betriebsleiter im Alltag eines Dienstleistungsgroßkühlhauses ausgesetzt war, löste ich bis in meine dreißiger Lebensjahre durch Laufen in der Feldmark meiner Heimatstadt Lehrte.

Nicht davon zu laufen aus der Berufsrolle, sondern die Seele neuaufladbar leer zu laufen, das war das selbst gesetzte Ziel.

Schleichend in den folgenden Lebensjahren, geschuldet dem Unvermögen, nicht immer persönlichen Krisen und Niederlagen rational gegenüber stehen zu können, erfolgte eine vermehrte Nahrungsaufnahme bei vermindertem „Auslauf".

Aus dem pfundigen Typ wurde ein gewichtiger Herr. Der Antrieb reichte nicht mehr dazu aus, die gesteigerte Biomasse ins „Rollen" zu bringen.

So griff ich ersatzweise, als Seelenausgleich, zum Stift, um die Empfindungen und Gedanken der jeweiligen Lebenssituationen in Worten festzuhalten.

Das Ausgedrückte soll jetzt, gedruckt, Abdrücke hinterlassen, schwarz auf weiß, vorrangig mir und meiner Familie, in meiner „Schreibe", bruchstückhaft, zeitrafferartig eine Rückschau auf mein Leben bis zum 60. Lebensjahr zu ermöglichen.

Ein außen stehender Leser wird eher keine harmonischen Reime vorfinden; die Sprache der Gedichte  und Gedanken ist, wie die Gegebenheiten waren, sperrig teils und  in Spannung. Stilbrüche sind gewollt. Gekünstelt und verquer kommt die

Sprache daher; ausgeregelt. Widergespiegelt wird gewollt meine
Ausdrucksbeschränktheit.

Meiner Frau Monika, den Söhnen Björn und Klaus, den
Schwiegertöchtern Conny und Imke, sowie den Enkelkindern
Katharina und Maximilian, danke ich dafür, dass sie mir
„Unruhigem" Halt und Sicherheit im Lebenssinn und jegliche
Unterstützung in diesem neuen Lebensabschnitt der Altersteilzeit
gewähren.
Der Ruhestand birgt noch ein weiteres „Schriftprojekt". Ein
Kriminalroman soll, neben der spannenden Handlung, begleitend
die Entwicklung der Dienstleistungen zur Logistik im
vergangenen Vierteljahrhundert abbilden.

# Leere